# schloss
# wilhelmshöhe

## der weißenstein

museumslandschaft
hessen kassel

Parkbroschüren MHK, Bd. 3

Herausgeber **Museumslandschaft Hessen Kassel, Bernd Küster**
Projektsteuerung **Gisela Bungarten**
Projektbetreuung **Astrid Arnold-Wegener**
Lektorat **Gisela Bungarten, Sabina Köhler, Astrid Arnold-Wegener, Jürgen Wieggrebe**
Fotobereitstellung **Ulrike Paul**
Grafische Gestaltung **augenstern, Büro für Gestaltung**
Verlag **Schnell & Steiner GmbH, Leibnizstraße 13, 93055 Regensburg**
Druck **BGZ Druckzentrum GmbH, Berlin**

1. Auflage 2015
ISBN 978-3-7954-3022-1
Bibliographische Information der Deutschen Nationalbibliothek
Die Deutsche Nationalbibliothek verzeichnet diese Publikation in der Deutschen
Nationalbibliographie; detaillierte bibliographische Daten sind im Internet über
http://dnb.ddb.de abrufbar.

Die **Museumslandschaft Hessen Kassel** ist eine Einrichtung des Landes Hessen.

Schloss Wilhelmshöhe. Der Weißensteinflügel
Parkbroschüren MHK, Bd. 3

Simone Weber

SCHNELL + STEINER

# Inhaltsverzeichnis

# Geschichte der Wilhelmshöhe

»…vielleicht das grandioseste, was irgendwo der Barockstil in der Verbindung von Architektur und Landschaft gewagt hat« – so 1914 das Urteil Georg Dehios in seinem Handbuch der deutschen Kunstdenkmäler über die etwa 246 Hektar große Parkanlage und das dazugehörige Schloss Wilhelmshöhe im Westen von Kassel. Der Bergpark, der größte seiner Art in Europa, ist ein Ensemble, das über mehrere Jahrhunderte gewachsen ist und immer wieder überformt wurde. Einen besonders wichtigen Beitrag zur Parkgestaltung leistete der Architekt Giovanni Francesco Guerniero (um 1665–1745): Landgraf Carl von Hessen-Kassel (1670–1730) hatte den Italiener mit dem Bau der Kaskaden und des Herkulesmonumentes betraut. Dieser erste Teil der heute noch am Karlsberg zu sehenden Wasserkünste wurde zwischen 1701 und 1717 ausgeführt. Im Laufe der Zeit und unter den Carl nachfolgenden Landgrafen kamen immer weitere Szenerien im Park hinzu und ließen die Anlage wachsen. Der Park vereint, noch heute sichtbar, barocke Elemente und Tendenzen des englischen sowie romantischen Landschaftsgartens. Seit 2013 ist der Bergpark Wilhelmshöhe mit seinen Wasserkünsten UNESCO-Welterbe.

Das Plateau zu Füßen des Karlsberges, wo sich auch die heutige Schlossanlage Wilhelmshöhe befindet, war schon im 12. Jahrhundert bebaut. Dort hatten sich Augustinerinnen in **Kloster Witzenstein** niedergelassen, das 1143 erstmals Erwähnung findet, aber bereits 1527 im Zuge der Reformation säkularisiert wurde. Im Jahr 1606 wird an glei-

> **Das Kloster »Witzenstein«**
>
> Der Name geht auf den weißen Stein zurück, auf dem auch das heutige Schloss steht. Untersuchungen zeigten, dass im Boden unter dem Schloss ein weißer Quarz vorkommt. Auf diesen war man bereits bei den Ausgrabungen für das Fundament des Klosters gestoßen. Schloss Weißenstein, wie der Nachfolgebau des Klosters noch bis in das Jahr 1785 hieß, wurde erst mit dem Neubau unter Landgraf Wilhelm IX. in Wilhelmshöhe umbenannt.

**Der Weißensteinflügel von Südwesten**

cher Stelle ein Jagdschloss für Landgraf Moritz (1572–1632) errichtet, das Teile des ehemaligen Klosters integrierte.

Dieses Schloss, das bis 1785 bestand, wurde von **Landgraf Wilhelm IX.** (1743–1821), ab 1803 **Kurfürst Wilhelm I.**, ersetzt. Wilhelm, ein Urenkel Landgraf Carls, hatte ebenfalls großes Interesse an der Gestaltung der Parkanlage. Er ließ u. a. neue Stationen der Wasserkünste anlegen, die mittelalterlich anmutende Löwenburg errichten und Schloss Wilhelmshöhe bauen. Hierfür veranlasste er, das unmodern gewordene Moritzschloss abzureißen und an gleicher Stelle einen Neubau zu errichten.

Schloss Wilhelmshöhe wurde zwischen 1786 und 1798 im **klassizistischen Stil** angelegt. Für diesen Bau haben mehrere Architekten zahlreiche Entwürfe vorgelegt, aber erst die beiden Hofarchitekten Simon Louis du Ry (1726–1799) und sein Nachfolger Heinrich Christoph Jussow (1754–1825) hatten mit ihren Vorschlägen beim Landgrafen Erfolg.

**Der Weißensteinflügel mit Eingangsbereich**

Der 1606 errichtete Vorgängerbau der heutigen Wilhelmshöher Schlossanlage von Westen, gemalt von Johann Heinrich Tischbein d. Ä.

### Die Landgrafen und Kurfürsten von Hessen-Kassel

Die Landgrafschaft Hessen-Kassel entstand 1567 nach dem Tod Landgraf Philipps I. (1504–1564), genannt der Großmütige, durch eine Erbteilung der Landgrafschaft Hessen. Wilhelm IV. (1532–1592), der älteste Sohn Philipps, erhielt mit Hessen-Kassel etwa die Hälfte des Gebietes einschließlich der Hauptstadt Kassel. Nach dem Aussterben der brüderlichen Linien Hessen-Marburg und Hessen-Rheinfels fiel das Erbe an Hessen-Kassel bzw. Hessen-Darmstadt zurück. Einige Generationen später hatte Wilhelm IX., ein Sohn des Landgrafen Friedrich II. (1720–1785) und der Landgräfin Marie (1723–1772), einer Tochter König Georgs II. von Großbritannien (1683–1760), sich viele Jahre bemüht, den Kurfürstentitel zu erlangen, der ihm aber erst 1803 durch den Reichsdeputationshauptschluss zuerkannt wurde. Zu spät, wie sich zeigte, denn 1806 legte Kaiser Franz II. (1785–1835) die Reichskrone nieder, und das Heilige Römische Reich deutscher Nation zerfiel. Der Kurfürstentitel wurde dennoch weiter vererbt. Wilhelms Enkel, Friedrich Wilhelm (1802–1875), war der letzte Kurfürst von Hessen-Kassel. Er stand während des Deutsch-Deutschen Krieges auf der Seite der Österreicher und ging 1866 nach Tschechien ins Exil, nachdem die Preußen die Schlacht bei Königgrätz gewonnen hatten. Ab 1866 nutzten die preußischen Könige und deutschen Kaiser Schloss Wilhelmshöhe für ihre Sommeraufenthalte.

Trümmerfeld antikisierender Architektur, Entwurf Jussows von 1791 für Schloss Wilhelmshöhe

Wilhelm IX., einer der reichsten Fürsten im Europa jener Zeit, entschied sich nach längerem Zögern für eine dreiteilige Anlage. Es wurden zunächst zwei Pavillonbauten in klassizistischer Manier nach den Entwürfen Du Rys errichtet. Der südliche Schlossflügel Weißenstein, ursprünglich als Solitärbau geplant, war 1790 vollendet. Später folgte der gegenüberliegende nördliche Kirchflügel (1788–1792) und zum Schluss das Corps de Logis (1791–1798). Für die Ausführung des Mittelbaus entschied sich der Landgraf erst 1791, nachdem er

**Der Klassizismus**

Die Stilrichtung hatte von etwa 1770 bis 1840 ihre Blütezeit. Seit der Renaissance war immer wieder die griechische und römische Antike beliebtes Vorbild für Künstler und Architekten. Die Begeisterung für die Vorbilder des Altertums fand in der zweiten Hälfte des 18. Jahrhunderts im europäischen Klassizismus ihren Höhepunkt: Architekten griffen die Formen antiker Bauten auf, Bildhauer kopierten Statuen nach griechischem Vorbild, und die Maler jener Zeit verarbeiteten Stoffe der antiken Mythologie. Einer der wichtigsten Wegbereiter für den Klassizismus im deutschsprachigen Raum war Johann Joachim Winckelmann (1717–1768). In seinem 1755 erschienenen Werk »Gedanken über die Nachahmung der griechischen Werke in der Malerei und Bildhauerkunst« legte er den Grundstein für die Antikenverehrung der folgenden Jahrzehnte. Er schrieb: »Der einzige Weg für uns, groß, ja, wenn es möglich ist, unnachahmlich zu werden, ist die Nachahmung der Alten«. Schloss Wilhelmshöhe ist im Geist dieser Zeit entstanden und außen wie innen stark von antikisierenden Elementen geprägt.

Johann Erdmann Hummel malte den Wilhelmshöher Park mit Schlossanlage im Jahr 1800.

verschiedene Pläne seiner Hofarchitekten hatte fallen lassen, anstelle eines Corps de Logis etwa Architekturruinen oder einen Obelisken errichten zu lassen. Es war Jussow, der sich letztlich mit seinem Plan durchsetzte, zwischen die Schlossflügel einen weiteren Gebäudeteil zu setzen. Die Ausführung erfolgte mit einer großen, dem Mittelbau vorgelagerten ionischen Säulenhalle und einer bekrönenden Kuppel auf dem Dach des Gebäudes. Du Ry hatte vergeblich versucht, den Landgrafen von diesem Plan abzubringen, weil er das Corps de Logis als unharmonisch groß im Verhältnis zu den Seitenpavillons bewertete.

Wie die Wilhelmshöher Schlossanlage unmittelbar nach der Fertigstellung aussah, zeigt ein Gemälde von Johann Erdmann Hummel (1769–1852). Hier sieht man die ursprüngliche Dreiteilung des Schlosses, bei der die Elemente nur durch flach umlaufende Terrassen miteinander in Verbindung standen. **Jérôme Bonaparte** ließ die Brücken bereits überdachen, aber erst unter dem Sohn Wilhelms IX., Kurfürst Wilhelm II. (1777–1847), wurden die Verbinderbauten durch dessen Hofarchitekten Johann Conrad Bromeis (1788–1854) auf ihre heutige Höhe gebracht.

**Jérôme Bonaparte (1784–1860)**

Jérôme war der jüngste Bruder Napoleons (1769–1821) und wurde durch diesen 1807 als König des neu gegründeten Königreichs Westphalen eingesetzt. Kurfürst Wilhelm I. hatte sich politisch mit den Franzosen überworfen und ging ins Exil, u. a. nach Prag. Kassel, ehemals Residenzstadt des Kurfürstentums Hessen-Kassel, war nun die Hauptstadt dieses neuen Reiches, in der sich Jérôme überwiegend bis zu der von Napoleon verlorenen Völkerschlacht bei Leipzig im Jahr 1813 aufhielt. Die Wilhelmshöhe, in den Jahren der Besetzung umbenannt in »Napoleonshöhe«, war das bevorzugte Schloss Jérômes, in und an dem er viele Veränderungen vornahm, um eines Königs würdig logieren zu können. Dies geschah nicht zuletzt, weil Kurfürst Wilhelm I. vor seiner Flucht das Schloss hatte weitgehend ausräumen lassen. Zwischen 1809 und 1812 kaufte Jérôme neues Mobiliar in Paris, und aus dieser Zeit sind noch heute Einrichtungsgegenstände im Weißensteinflügel ausgestellt.

Der Weißensteinflügel verfügte über eine Innenausstattung, die in damaliger Zeit den höchsten Ansprüchen genügen konnte. Die Bestrebungen des Landgrafen, die Kurfürstenwürde zu erlangen, sollten vermutlich durch den Bau einer solch prachtvollen Sommerresidenz begünstigt werden. Der Kirchflügel verfügt zwar bis heute über eine schmuckvolle Kapelle, doch der restliche Flügel war größtenteils zweckmäßig mit Appartements für höhere Bedienstete, einer großen Küche und Konditorei eingerichtet. Im Mittelbau befanden sich fürstliche Wohnräume, allerdings war die Einrichtung nicht so prachtvoll und aufwendig wie die des Weißensteinflügels.

Noch kurz vor Ende des Zweiten Weltkrieges, am 29. Januar 1945, wurde das Corps de Logis durch Bomben stark beschädigt, sodass der Mittelbau, der heute die **Gemäldegalerie Alte Meister** und die **Antikensammlung** beherbergt, seine ursprüngliche Bausubstanz in weiten Teilen einbüßte. Der Kirchflügel war stark von Schwamm befallen und wurde in der Nachkriegszeit, bis auf die Kapelle, komplett entkernt. Heute befindet sich in diesem Flügel die Graphische Sammlung, welche mehr als 60.000 Handzeichnungen, druckgraphische Arbeiten, Plakate und illustrierte Bücher bewahrt. Zudem sind

**Die Gemäldegalerie Alte Meister und die Antikensammlung**

Die beiden Sammlungen, die sich seit 1976 im Corps de Logis des Schlosses Wilhelmshöhe befinden, gehen in ihren Beständen weitestgehend auf die Kunstleidenschaft der Kasseler Landgrafen zurück. Wilhelm VIII. (1682–1760) sammelte vorzugsweise Malerei des niederländischen 17. Jahrhunderts. Ihm verdankt Kassel die Vielzahl an Gemälden etwa von Rembrandt und Rubens. Die Antikensammlung, die größtenteils unter Landgraf Friedrich II. entstand, zeigt unter anderem Stücke aus der griechischen und römischen Kunst, worunter der Kasseler Apoll als eines der berühmtesten gilt.

in den Räumen des Kirchflügels eine umfangreiche Präsenzbibliothek, die Gemälderestaurierung und Büroräume untergebracht.

Weitgehend unbeschadet überstand der Weißensteinflügel die Angriffe des Zweiten Weltkrieges. Seine historischen Wohnräume konnten bereits 1955 in einer vorwiegend musealen Präsentation den Besuchern wieder zugänglich gemacht werden. Von 1948 bis 1974 befand sich zudem im zweiten Obergeschoss das Deutsche Tapetenmuseum.

Ansicht des Schlosses Wilhelmshöhe von der Parkseite. Im Mittelbau befinden sich die Gemäldegalerie und die Antikensammlung, links ist der Kirchflügel zu sehen, rechts der Weißensteinflügel.

# Einrichtung

»Alle diese Zimmer sind [...] mit größter Pracht und nach dem neuesten Geschmack möbliert. Die Tapeten sind größtentheils in Lyon, zum Theil aber auch in Hanau gemacht, und diese letztere geben jenen nichts nach. Die Kamine sind von italienischem Marmor, aber von einländischen Künstlern gearbeitet. Die Parkets, Trumeaux, Sessel und Tische, alles trägt zur Pracht des Ganzen bey.« Mit diesen lobenden Worten beschreibt 1792 der geheime Kammerrat David August von Apell (1754–1832) das Innere des Weißensteinflügels in seinem Werk »Cassel und seine umliegende Gegend. Eine Skizze für Reisende«. Apell war ein bekannter Autodidakt und in Kassel als Schriftsteller, Komponist und Theaterdirektor tätig. Seine Berichte erlauben uns, Rückschlüsse auf die erste Einrichtung des Schlosses unter Wilhelm IX. zu ziehen. Die Möblierung war im zu jener Zeit aktuellen Stil des Louis Seize gehalten. Die Böden wurden aus verschiedenen Hölzern mit Intarsien verziert, die Wände waren entweder mit wertvollen Seiden aus Lyon und Hanau bespannt oder wiesen aufwendige Boiserien (Holzvertäfelungen) von geschnitzter Eiche auf. Zudem werden feine Porzellane und Gemälde des Hofmalers Johann Heinrich Tischbein d. Ä. (1722–1789) aufgelistet.

Dieser in den Quellen beschriebene ursprüngliche Zustand ist heute nur noch an wenigen Stellen im Weißensteinflügel erkennbar. Dies hat verschiedene Ursachen. Zum einen hatte das Schloss Wilhelmshöhe im Laufe seiner Geschichte verschiedene Hausherren, und jeder dieser Bewohner veränderte die Einrichtung nach seinem Geschmack. Zum anderen wurden weitere Schlösser in Kassel, wie das Residenzpalais, im Zweiten Weltkrieg zerstört oder beschädigt, und die dort einst aufgestellten Möbel waren nun ohne Raumhülle erhalten. Man hatte die Einrichtungsgegenstände der Schlösser während des Krieges weitestgehend in Depots in Sicherheit gebracht, aber hinter verschlossenen Türen sollten sie nach Ende des Krieges nicht bleiben. So sind in den 1950er Jahren zahlreiche Möbel des frühen 19. Jahrhunderts nach Wilhelmshöhe gebracht worden und erfuhren in den Räumen des Weißensteinflügels eine neue Aufstellung. Daher erlebt der heutige Besucher der Schlossräume eine museal arrangierte Einrichtung sowohl des **Louis Seize**- als auch des **Empire-Stils**. Unter dieser Neuordnung hat leider auch die originale Raumfolge gelitten, die im ausklingenden 18. Jahrhundert noch einen hohen Stellenwert am Hof

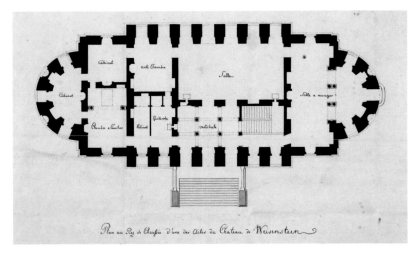

**Grundriss des Erdgeschosses vor 1800**

**Louis Seize (Frühklassizismus)**

Der Begriff »Louis Seize« bezeichnet eine stilistische Strömung der Regierungszeit des französischen Königs Ludwig XVI. (1754–1793). Er verbreitete sich in Europa und wird in Deutschland auch Zopfstil genannt. Der Stil wendet sich von den sehr üppigen, organischen Formen des Rokoko, wie etwa der Rocaille, ab, hin zu eher geometrischen und dezent naturalistischen Formen: Girlanden, Vögel und Früchte finden Verwendung. Zugleich orientiert er sich mit Mäanderornamenten und Trophänschmuck an der Kunst der Antike. Das Material ist meistens einheimisches Holz, das jedoch nicht offen, sondern stets gefasst verwendet wurde. Die Oberflächenfarben sind meist Weiß oder Grün, es gibt aber auch Gold gefasste Möbel. Alle Holzteile der Sitzmöbel sind geschnitzt. Die Polsterung ist oft rechtwinklig mit scharfen Konturen geformt.

**Der Empirestil**

Der Begriff bezeichnet eine französische Spielart des Klassizismus, die in der Zeit von 1798 bis 1840 aktuell war. Der Stil verbreitete sich unter Napoleon Bonaparte in ganz Europa bis nach Russland. Kennzeichnend für die Möbelkunst dieser Zeit ist eine große Formstrenge. Auf Blindhölzern aus Nadelholz oder Eiche wurden Edelholzfurniere aufgebracht, oftmals Mahagoni. Die Möbel wurden zudem aufwendig mit feuervergoldeten Bronzen verziert. Zu Beginn des Empire eher dezent, im weiteren Verlauf immer üppiger. Das Empire griff dabei auf Motive der griechischen, römischen, aber auch ägyptischen (vgl. Seite 64) Kultur zurück. Eine der führenden Manufakturen dieser Zeit ist die von Bernard Molitor (vgl. Seite 40) in Paris.

einnahm. Das Schloss eines Fürsten gliederte sich in mehrere hintereinandergeschaltete Räume, die hierarchisch aufsteigend angelegt waren. In einem Empfangssaal etwa, der ganz am Beginn einer Enfilade (Raumreihung) stand, durften sich auch weniger wichtige Gäste oder Besucher aufhalten. In den weiter hinten liegenden Räumen, wie Kabinett oder Schlafzimmer, hatte man nur als Vertrauter des Hausherrn bzw. der Hausherrin Zutritt. Diese ehemalige Raumfolge ist im Weißensteinflügel teils nicht mehr, teils nur noch in Ansätzen erkennbar. Aus diesem Grund geben die Raumbezeichnungen, wie sie im Folgenden Verwendung finden, in der Regel nicht die ursprünglichen Raumfunktionen aus landgräflichen Tagen wieder.

**Der Kaiser mit Gattin vor dem Schloss Wilhelmshöhe: Die Kuppel wurde im Zweiten Weltkrieg zerstört, und man entschied sich nach Ende des Krieges aus verschiedenen Gründen gegen einen Wiederaufbau.**

**Vom Kurfürstentum zur Museumslandschaft**

Nachdem Kurfürst Wilhelm I. 1821 verstorben war, übernahm sein Sohn Kurfürst Wilhelm II. (1777–1847) die Regentschaft. Dieser zog sich 1831 mit seiner Mätresse Emilie Ortlöpp (1791–1843) in sein Privatleben zurück und übergab die Regierungsgeschäfte an seinen Sohn Friedrich Wilhelm (1820–1884), der bis 1866 Kurfürst von Hessen-Kassel blieb. In jenem Jahr wurde Kassel von Preußen annektiert und somit zur preußischen Provinz. Die deutschen Kaiser, vor allem Kaiser Wilhelm II. (1859–1941), kamen regelmäßig zu Sommeraufenthalten nach Wilhelmshöhe. Auch 1918, kurz vor seiner Flucht nach Holland, weilte er mehrere Wochen mit seiner Familie auf Wilhelmshöhe. Sämtliche Bewohner, außer dem Schlosserbauer Wilhelm IX., nutzten allerdings den Mittelbau zum Logieren. Der Weißensteinflügel wurde u. a. als Appartement für die Prinzen hergerichtet und hier hatte zudem der Hauslehrer seine Unterkunft. Nach dem Ende der Monarchie 1918 übernahm die neu gegründete preußische Schlösserverwaltung die Verantwortung für die Wilhelmshöher Anlage. 1945 gingen Schloss und Park Wilhelmshöhe in das Eigentum des Landes Hessen über und wurden von der Verwaltung Schlösser und Gärten Hessen fachlich betreut. Seit 2006 ist die Museumslandschaft Hessen Kassel für das Ensemble zuständig.

# Rundgang Erdgeschoss

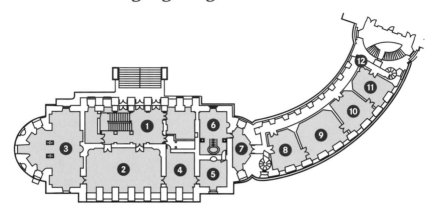

Der Rundgang beginnt im **Vestibül ❶**, wo sich die große, in die oberen Etagen führende Haupttreppe befindet. Den etwa 3,20 x 2 m großen Lageplan vom Park Wilhelmshöhe zeichnete Bauinspektor Caspar Christoph Schaeffer (1776–1819) im Jahr 1796. Die aquarellierte Federzeichnung wurde aus mehreren Teilen zusammengeleimt

In landgräflicher Zeit zierten diesen Raum weitere vier Säulen, und die Treppe wurde im 19. Jahrhundert leicht versetzt.

und stellt die neuen Parkanlagen des Weißensteins nach Abschluss der Umgestaltungsphase in den Jahren 1793–1796 vor (vgl. Hoß, Park Wilhelmshöhe – Größter Bergpark Europas, 2013). Der Plan ist links unten bezeichnet: »Plan von Weißenstein mit allen daselbst befindlichen Anlagen und Gebäuden, Maßkette und Signatur aufgemessen u. gezeichnet von C. Schaeffer 1796«. Die Tür vis-à-vis des Eingangs, über der das landgräfliche Wappen (um 1790) prangt, ist der Eingang zur Bildnisgalerie.

Die **Bildnisgalerie** ➋ empfängt den Besucher mit Porträts der Familie der Landgrafen von Hessen-Kassel. Man sieht auf einer grünen Boiserie Gemälde der Eltern des Schlosserbauers, Landgraf Friedrich II. und seiner ersten Gattin Landgräfin Marie, sowie ein Bildnis Wilhelms VIII., seines Großvaters. Auf einem weiteren Porträt ist der Schlosserbauer Landgraf Wilhelm IX. selbst zu sehen. Das große Bild links neben dem Haupteingang zeigt die Familie des Herzogs Karl I. von Braunschweig-Wolfenbüttel (1713–1780) und ist ein Werk von **Johann Heinrich Tischbein d. Ä.** Es entstand 1762 und wurde vermutlich durch Landgraf Friedrich II. zur Erinnerung an seinen Aufenthalt in Braunschweig am En-

Landgraf Wilhelm IX. Das Bildnis wurde im Jahr 1788 vom Hofmaler Wilhelm Böttner (1752–1805) angefertigt und zeigt den Hausherrn in einer Landschaft mit Feldlager und Zelten.

de des 7-jährigen Krieges bestellt. Die Louis-Seize-Stühle aus der Zeit um 1785 sind mit rotem Seidendamast bezogen, der ein Muster in chinesischem Geschmack aufweist. Diese Stühle gehörten zur ersten Einrichtung des Weißensteinflügels, standen ursprünglich allerdings im Empfangssaal (Raum 20). Die Möbel in der Bildnisgalerie, und vermutlich auch die Wände, waren ursprünglich mit grünem Seidendamast bezogen. Darauf hing eine Galerie aus 23 Gemälden des Hofmalers Tischbein.

Die Bildnisgalerie

❶ Carlo und Ubaldo, die Rinaldo suchen, bei dem Zauberer

❷ Marcus Antonius führt Cleopatra in Tarsus ein

❸ Antonius besucht Cleopatra nach seinem Sieg über Octavian

❹ Carlo und Ubaldo bei den Nymphen

❺ Coriolans Abschied von seiner Familie

❻ Die Entführung der Helena durch Paris

❼ Coriolans Mutter und Gemahlin bitten für Rom

❽ Carlo und Ubaldo entdecken Rinaldo in den Armen der Armida

❾ Cleopatra schmückt sich, um Antonius zu empfangen

❿ Das Gastmahl der Cleopatra

⓫ Carlo und Ubaldo entführen Rinaldo aus den Armen der Armida

⓬ Die sterbende Cleopatra

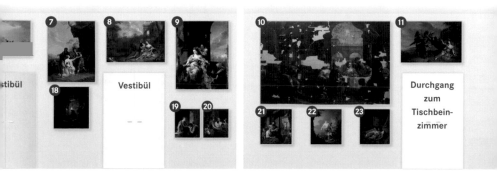

- **13** Venus rettet Paris im Zweikampf mit Menelaos
- **14** Besuch des Antonius bei Cleopatra
  (damaliger Titel: Augustus bei Cleopatra)
- **15** Dido auf dem Scheiterhaufen
- **16** Dido mit Aeneas und Amor in Gestalt des Askanius
- **17** Curius Dentatus verweigert die Geschenke der Samniter
- **18** Sokrates im Gefängnis mit seinen Schülern
- **19** Augustus verzeiht Cinna
- **20** Augustus krönt das Grab Alexanders des Großen
- **21** Augustus widmet Julius Cäsar ein Bild der Venus des Apelles
- **22** Thetis übergibt Achill seine neuen Waffen
- **23** Vergil gedenkt Marcellus, worüber Octavia ohnmächtig wird

Rekonstruktionsversuch der originalen Hängung in der Bildergalerie. Aus alten Inventaren geht hervor, welche Gemälde von Johann Heinrich Tischbein d. Ä. in diesem Saal hingen und in welcher Reihenfolge sie auf drei Wänden des Raumes angebracht waren. Es handelt sich vorwiegend um Themen der griechisch-römischen Mythologie, wie es im späten 18. Jahrhundert modern war.

Die in der Abbildung grau dargestellten Türen haben keine Durchgangsfunktion.

**Johann Heinrich Tischbein d. Ä. (1722–1789)**

Der Maler wirkte in Kassel über drei Generationen von Landgrafen. Er wurde unter Wilhelm VIII. 1753 nach Kassel berufen, um eine Bildnisgalerie für Schloss Wilhelmsthal bei Calden zu realisieren, arbeitete dann unter Friedrich II. und führte in seinen späten Jahren noch einige Gemälde für Wilhelm IX. aus. Die Produktivität Tischbeins in Kassel war enorm, sodass die Museumslandschaft Hessen Kassel noch über eine große Anzahl von Tischbein-Gemälden verfügt. Diese Porträts, Historienbilder und Landschaftsdarstellungen hängen in großer Zahl in den Schlössern Wilhelmsthal bei Calden und Wilhelmshöhe, wo sie der Besucher im Rahmen einer Führung besichtigen kann.

Der **Speisesaal** ❸ liegt am westlichen Ende des Weißensteinflügels und ist mit über 100 qm der größte Raum im gesamten Flügel. Die gedeckte Tafel veranschaulicht das um 1805 in Mode kommende

Der kostbare Tafelaufsatz von Pierre-Philippe Thomire entstand in der Zeit um 1810. Er war der führende Bronzier im Paris jener Zeit und lieferte vornehmlich an den französischen Hof. Napoleon I. hatte eine große Vorliebe für dessen Werke und stattete auch die Kasseler Schlösser seines Bruders Jérôme mit Waren Thomires aus.

**Die Feuervergoldung**

Bereits im Altertum ist die Feuervergoldung bekannt und somit eine der ältesten Metallvergoldungstechniken. Sie erlangte im Paris des 18. und 19. Jahrhunderts ihre größte Blüte. Es wurden vor allem Gegenstände aus Kupfer, Silber, Messing und Bronze bearbeitet. Um eine Bronzefigur zu vergolden, wird zunächst eine Schicht aus Amalgam, einem Gemisch aus 24-karätigem Gold und Quecksilber, aufgetragen. Die so behandelte Bronze wird nun im Feuer erhitzt. Dabei verdampft das Quecksilber, und eine hauchdünne Schicht Gold bleibt auf der Figur zurück, die dann mit Poliersteinen, einem Achat oder Hämatit, auf Hochglanz gebracht werden kann. Dieses Verfahren ist wegen der entstehenden Quecksilberdämpfe sehr gesundheitsgefährdend und wird heute selten und nur unter hohen Sicherheitsvorkehrungen praktiziert.

Service à la Russe. Dabei wurden dem Gast, wie noch heute in Restaurants üblich, angerichtete Teller gereicht und nicht mehr, wie es zuvor im Service à la Française gängig war, Schüsseln und Terrinen zur »Selbstbedienung« auf dem Tisch platziert. Durch diese neue Art zu speisen entstand mehr Platz auf den Tafeln. Surtouts (Tafelaufsätze) kamen in Mode, um die freien Stellen möglichst dekorativ zu füllen. Der **feuervergoldete Aufsatz** mit aufgestelltem Fruchtkorb stammt von dem renommierten Bronzier (Bronzegießer) Pierre-Philippe Thomire (1751–1843) und wurde in der Zeit Jérôme Bonapartes für Kassel bestellt. Die Gläser gehen ebenfalls auf Jérômes Zeit zurück. Er bezog diese aus der Glashütte Alt Münden, die etwa 20 km nordöstlich von Kassel lag. Außerdem befinden sich Dessertteller aus Meißener Porzellan (um 1835) auf der Tafel. Die Stühle aus dem späten 18. Jahrhundert haben noch ihren originalen Polsterbezug aus dunkelblauem Seidentaft mit aufgedruckter goldfarbener Musterung. Sie standen aber ursprünglich nicht in diesem Raum: Zu Kurfürst Wilhelms I. Zeiten zierten den Speisesaal vermutlich mit rotem Leder bezogene Stühle.

**Nächste Doppelseite: Speisesaal. Neben der Einrichtung sind hier auch die historischen Kronleuchter beeindruckend. Viele dieser Lüster im Weißensteinflügel wurden in Paris oder Berlin gefertigt. Ein Großteil ist noch mit originalen Gehängen versehen.**

Unter mehreren Skulpturen, darunter verkleinerte Kopien des Herkules Farnese und der Venus Medici, finden sich in der Apsis des Saales
Figuren der Göttermundschenke Bacchus und Hebe: Diese galten im
18. Jahrhundert als ein passendes Figurenprogramm für einen Speisesaal, da man hier vorzugsweise Kunstgegenstände aufstellte, die mit
dem Essen und Trinken in Beziehung standen. Ursprünglich, so berichtet der Kasseler Bibliothekar Friedrich Wilhelm Strieder (1739–1815) in
seiner Aufzeichnung »Historische Nachrichten von der Umschaffung
des Weissensteins« aus dem Jahr 1793, standen im Speisesaal vier
Skulpturen, die von den Kasseler Bildhauern Gebrüder Heyd geliefert
wurden: »Statüen von Stuc, nämlich: Bachus, Hebe, Meleager und
Ceres vorstellend.« Diese vier Skulpturen sind leider nicht erhalten
und wurden darum durch thematisch gleiche oder verwandte Figuren ersetzt. Die vier großformatigen Herrenporträts zeigen (von links
nach rechts) Kurfürst Friedrich Wilhelm, den letzten Kurfürsten von
Hessen-Kassel. Daneben den Schlosserbauer Kurfürst Wilhelm I. Diesen beiden gegenüber sieht man ein Bildnis seines Sohnes, Kurfürst
Wilhelm II., und rechts daneben Landgraf Carl (dieser ist auf der Foto-
grafie erkennbar).

Im **Tischbeinzimmer** ❹ ist eine große Auswahl an Gemälden des
gleichnamigen Hofmalers zu sehen. Der heute gelb vertäfelte Raum
war früher mit einer roten Seide aus Lyon bespannt, deren Muster
allegorische Darstellungen der vier Erdteile zeigte. Diese Seide befindet sich heute in Schloss Wilhelmsthal bei Calden (vgl. Fröhlich, Wo
ungestört der Lenz regiert, 2013). Der Raum diente ehemals als Vorzimmer zum Appartement des Landgrafen. Hier finden sich Gemälde
Tischbeins der 1770er Jahre. In dieser Zeit schuf der Meister vor allem
leichte und galante Szenen aus der Welt der Mythologie, er bearbeitete
aber gelegentlich auch historische Stoffe. Beispiele für Letztgenann-
tes sind zwei großformatige Szenen aus dem Leben des sagenumwo-
benen römischen Feldherrn Coriolan, der im 5. Jahrhundert v. Chr.
bezeugt ist. Dieser soll seinen Untergang gefunden haben, weil er die
Plebejer gegen sich aufgebracht hatte. Diese beiden Gemälde gehör-

ten neben anderen zu der alten Hängung in der Bildnisgalerie. Wilhelm IX. erwarb viele der hier im Raum ausgestellten Bilder aus dem Nachlass Tischbeins.

**Der lüsterne Hirtengott Pan stellt der schönen Syrinx nach. Diese lässt sich jedoch in Schilfrohr verwandeln, um seiner Zudringlichkeit zu entfliehen. Pan, untröstlich über das verpasste Abenteuer, kappt das Schilf und bläst ein trauriges Lied auf der ersten Panflöte.**

Das **Blaue Schreibzimmer** ❺ diente auch schon dem Landgrafen als Arbeitszimmer. Seit den 1820er Jahren hat der Raum eine blaue Holzvertäfelung, ursprünglich war die Wandbespannung aus hellblauer Seide mit weißen Blüten. Der ausgestellte Schreibtisch ist der Werkstatt des Neuwieder Kunsttischlers David Roentgen zugeschrieben. Die Gemälde stammen von dem schwedischen Künstler Carl Gustaf Pilo (1711–1793). Er porträtierte den späteren Landgrafen Wilhelm IX., der zur Zeit der Entstehung der Bilder um 1765 noch Erbprinz Wilhelm von Hessen-Kassel (links im Bild) war. Neben ihm sind seine beiden

Das Tischbeinzimmer wurde nach Johann Heinrich d. Ä. benannt. Es vereint heute eine Auswahl an Gemälden des Kasseler Hofmalers mit Themen aus der Welt der Mythologie.

**Das Blaue Schreibzimmer**

jüngeren Brüder Prinz Friedrich und Prinz Karl von Hessen Kassel zu sehen. Die Nachkommen von Prinz Friedrich repräsentieren noch heute das Haus Hessen, sie gehören zur »Rumpenheimer Linie«. Beim Anblick der marmornen Statuette auf dem Kamin wird dem Betrachter selbst kühl: Das Mädchen, eine Allegorie des Winters, steht mit nacktem Unterkörper neben einem kleinen Feuer und hat sich wärmeheischend ein Tuch über Kopf und Schultern gezogen. Es handelt sich um eine Kopie der Frierenden (»La Frileuse«) des französischen Bildhauers Jean Antoine Houdon (1741–1828) aus dem Jahr 1783.

Das **Badezimmer** ❻ war in den Tagen Wilhelms IX. noch als fürstliches Schlafgemach eingerichtet und mit grünem Seidendamast ausgestattet. Aber sein Sohn, Kurfürst Wilhelm II., der vorwiegend in den Räumen des Mittelbaus logierte, hatte an dieser Stelle keine Verwendung für ein Schlafzimmer. So wurde im Jahr 1825 das Bad in »italienischer Manier« nach Entwürfen des Hofarchitekten Johann Conrad Bromeis neu gestaltet. In den Boden wurde dazu eine Wanne aus massivem Marmor eingelassen, unter der sich im Keller noch heute

Detail der Malerei von Greineisen im Badezimmer: Pilaster gliedern die antikisierende Wandmalerei auf Eichenholz.

der Heizzuber für die Warmwasserzufuhr befindet. Die Ausgestaltung
der Wände kam dem Frankfurter Landschafts- und Dekorationsmaler
Carl Greineisen (1783–1857) zu. Carl Greineisen war kein Hofmaler
im eigentliche Sinn, sondern führte als »freier Mitarbeiter« Aufträge
für den Kurfürsten Wilhelm II. aus. Seine Malerei soll den Betrachter
der Illusion anheim fallen lassen, dass er sich in einem italienischen
Atrium befindet und durch die malerisch angedeuteten Pfeiler hinaus
in eine fiktive, südländische Landschaft blickt. Die Escalier dérobé
(Geheimtreppe), die noch aus der Zeit stammte, als hier Wilhelm IX.
schlief, ist nur aus alten Plänen überliefert. Sie brachte den Fürsten
auf schnellem Weg in das Damenschlafzimmer der oberen Etage und
befand sich hinter der westlichen Wandseite, wo sich heute der Kas-
senraum befindet und damals die fürstliche Garderobe.

Bei allem Aufwand, der betrieben wurde, ist es dennoch unwahrscheinlich, dass dieser Raum häufig zum Baden genutzt wurde: Es handelt sich vermutlich um ein in dieser Zeit modernes Repräsentationsbad.

Der Inhalt zweier großer Glasvitrinen im **Rondellzimmer** ❼ gibt einen Überblick über den Porzellan- und Steingutgeschmack des 18. und frühen 19. Jahrhunderts. Fayencen waren beliebte Geschenke der Fürsten untereinander. Es finden sich sowohl Porzellane aus Asien als auch Stücke aus Fulda, Sèvres, Meißen und Berlin: Das Frühstücksgeschirr aus der Königlich Preußischen Manufaktur (KPM), die 1763 unter Friedrich dem Großen (1712–1786) gegründet wurde, gehörte vermutlich den Töchtern Wilhelms IX. und wird noch in seinem originalen Koffer ausgestellt. Zwei Vasen und ein Obelisk, der als Tischschmuck fungierte, kommen aus der **Kasseler Manufaktur Steitz**. Insgesamt sind die Bestände an Glas, Keramik und Metall bei der Abfindung der Familie des kurfürstlichen Hauses 1866 stark zusammengeschrumpft, weil viele Objekte aus Edelmetall und Porzellan von den Hohenzollern der Familie Hessen-Kassel überlassen wurden.

**Das Rondellzimmer mit Druchblick in die Räume des Verbinderbaues**

**Die Kasseler Keramikproduktion**

Bereits Landgraf Carl interessierte sich für die Herstellung von Porzellan und gründete 1680 die Kasseler Fayencemanufaktur. Fayence galt als Halbporzellan und war anerkannter Ersatz für das schwer herstellbare »Weiße Gold«, wie Porzellan wegen seiner großen Kostbarkeit zu dieser Zeit noch genannt wurde. Carls Enkel, Landgraf Friedrich II., wollte der renommierten Porzellanstadt Meißen Konkurrenz machen und veranlasste Versuche zur Porzellanherstellung. Als dies 1766 schließlich gelang, war die Euphorie groß. Die Freude war jedoch von kurzer Dauer, da der Absatz der hergestellten Waren überaus schleppend lief und die Manufaktur deshalb bereits 1788 in Konkurs ging. Parallel zur Porzellanmanufaktur gründete der Kasseler Hofkonditormeister Simon Henrich Steitz 1771 die Steitz'sche Steingutfabrik und 1776 die Steitz'sche Vasenfabrik. Er produzierte dort vor allem Vasen, teilweise nach Vorbildern der englischen Manufaktur Wedgwood (vgl. Seite 59). Allerdings waren die Produkte von Steitz kostengünstiger als die englischen Vorbilder und somit für ein breiteres Publikum erschwinglich. Die Produktion in der Vasenfabrik lief bis weit in das 19. Jahrhundert hinein, während die Steingutfabrik nur bis 1805 bestand.

Typisch für Steitz: Das Steingut imitiert das Aussehen unterschiedlicher Minerale, wie etwa Achat, Jaspis oder Serpentin. Eine Besonderheit ist die Kaltvergoldung: Das Gold wurde nicht eingebrannt, sondern nachträglich aufgeklebt.

**Auch auf dem Frühstücksgeschirr der Königlich Preußischen Manufaktur (KPM) zeigt sich der Einfluss des Klassizismus, sowohl in der strengen Formgebung als auch in der antikisierenden Bemalung: Einige Figuren tragen einen Peplos (antikes Frauengewand)**

Mit diesem Halbrondell endet der ursprüngliche Weißensteinflügel. Die folgenden vier Räume sind spätere Ergänzungen und gehören zu dem Verbindungsbau zwischen Weißenstein und Corps de Logis, der ab 1810 errichtet wurde. Wie diese Räume, sowohl im Erdgeschoss als auch in der ersten Etage, nach der Fertigstellung eingerichtet waren, ist unklar.

Im **Vorzimmer** **❽** zum Herrenschlafzimmer hängen Jagdstücke des Malers **Jean-Baptiste Oudry**. Diese gehörten ursprünglich in die Sammlung von Landgraf Wilhelm VIII. Die Jagd war im 17. Jahrhundert eine aristokratische Freizeitvergnügung, und so erklärt sich auch Wilhelms Faible für Gemälde mit Darstellungen von Jagdszenen. Die Möbel dieses Raums stammen aus der Zeit des Empire: Die beiden Halbschränke sind Arbeiten des Ebenisten (Kunsttischlers) **Bernard Molitor**. Sie wurden von Jérôme für seine Gemahlin Katharina von Württemberg (1783–1835) in Paris angekauft und standen im Damenschlafzimmer in der oberen Etage.

### Jean-Baptiste Oudry (1686–1755)

Der französische Tiermaler Jean-Baptiste Oudry war Hofmaler Ludwigs XV. (1710–1774) in Versailles und begann seine Karriere als Porträtist. Ab etwa 1715 widmete er sich verstärkt der Tiermalerei. Dass eine der weltweit größten Sammlungen Oudrys heute in Schwerin zu sehen ist, verdankt sich der Sammlertätigkeit des Herzogs Christian Ludwig II. von Mecklenburg-Schwerin (1683–1756). Er kaufte zahlreiche Tierbilder Oudrys an, unter anderem ein Gemälde des berühmten Nashorns Clara, das von 1741 bis 1758 als lebendige Attraktion in ganz Europa vorgeführt wurde. 1747 wurde Clara von Landgraf Friedrich II. für einen Monat nach Kassel geholt, um hier der Unterhaltung der landgräflichen Familie zu dienen. Clara wurde in der von Landgraf Carl errichteten Orangerie untergebracht. Diese liegt in der barocken Parkanlage Karlsaue unterhalb der Innenstadt von Kassel und diente damals der Zucht von Südfrüchten. Clara soll aber auch auf den Wiesen vor Schloss Weißenstein gegrast haben.

Gemälde der Jagdhunde im Vorzimmer: Das Können eines Tierporträtisten wurde oftmals, zumindest finanziell, nicht hoch bewertet. Dabei ist es eine große Kunst: Der Maler muss in der Lage sein, eine schnelle Skizze seines ständig in Bewegung befindlichen Objektes zu zeichnen. Einen »Schnappschuss« konnte man im 17. Jahrhundert noch nicht machen, aber es gab Vorlagenbücher, die sich die Maler zur Hand nehmen konnten, um eine Hilfestellung für die korrekte Anatomie eines Tieres zu erhalten.

Der mit Mahagonifurnier gestaltete Halbschrank behandelt in seinen Bronzen ein Thema der antiken Mythologie. Es handelt sich um die Liebesgeschichte zwischen dem jungen Liebesgott Amor und seiner Angebeteten, der schönen Psyche. Die beiden Schränke thematisieren die Vereinigung der Beiden: Dieser Halbschrank zeigt Psyche in einem von Schmetterlingen gezogenen Chariot (Wagen), wie sie ihrem Geliebten, auf dem anderen Möbel dargestellt, entgegenfährt. Da Psyche zu Deutsch »Schmetterling« bedeutet, werden diese Tiere als Zugtiere der Wagen und auch als verschiebbare Schlüssellochabdeckungen verwendet.

### Bernard Molitor (1755–1833)

Der Kunsttischler Bernard Molitor wurde im luxemburgischen Betzdorf geboren und ging 1778 nach Paris. Er absolvierte seine Tischlerausbildung zum Teil in England, was seinen strengen Stil in der Formgebung prägte. Seine Werkstatt stellte vornehmlich Empiremöbel mit Mahagonifurnier auf höchstem Qualitätsniveau her. Molitor arbeitete anfangs noch für die französische Königin Marie-Antoinette (1755–1793), später auch für König Jérôme und König Georg IV. von England (1762–1830). Heute erzielen Möbel mit seinem Prägestempel in Sammlerkreisen hohe Preise.

Detail des Halbschrankes

Man fragt sich, ob der Kurfürst so lang war, dass er ein 2,60 m großes Bett benötigte? So lang nicht, aber so groß! Bei einem solchen Möbel geht es, ähnlich wie bei dem Schaubadezimmer, um Repräsentation. Ein mächtiger Mann brauchte ein entsprechend beeindruckendes Bett. Im Absolutismus, und im Besonderen am französischen Königshof in Versailles, wurde diese Mode gepflegt. Das Bett des Herrschers war ein zentraler Bestandteil des Zeremoniells: Das Lever bezeichnete einen im Schlafzimmer stattfindenden Morgenempfang in Kreisen des Hochadels, das abendliche Coucher den Empfang vor der Bettruhe. Diese Rituale gab es im frühen 19. Jahrhundert nicht mehr, dennoch kam dem Bett eines Fürsten beim Repräsentieren noch eine wichtige Rolle zu.

Das Empirebett Kurfürst Wilhelms II. im **Herrenschlafzimmer** 9 muss vor 1823 entstanden sein, da es ab diesem Jahr im südlichen Schlafzimmer der Beletage des Corps de Logis aufgestellt war. Der Entwurf geht auf Zeichnungen von Johann Conrad Bromeis zurück, jenem Architekten des Kurfürsten, der auch das Badezimmer kreierte. Die Ausführung des Bettes übernahm der Hof- und Kabinettschreiner der Kasseler Kurfürsten, Johann Justus Siebrecht (1777–1846). Das Bett besteht aus Mahagonifurnier auf Blindholz aus Eiche. Auffällig an diesem Paradebett ist vor allem die reiche Verzierung mit feuervergoldeten Bronzen, die überwiegend aus Paris stammen. Zudem bedeckt noch der originale, blaue Seidenbezug das Bett.

**Friedrich Wichmann**

Über den Möbelfabrikanten Friedrich Wichmann ist nicht viel bekannt. Er wird auch als Sculpteur (Bildhauer) bezeichnet. Im Jahr 1804 hatte ein »Meublesfabricant Wichmann« 150 Mitarbeiter in Berlin. Es ist wahrscheinlich, dass es sich um eben denselben handelt. Belegt ist, dass Wichmann eine Dependance in Kassel gründete und spätestens seit 1809 dort fest ansässig war. Er arbeitete aber auch weiterhin für das Berliner Königshaus.

Im **Arbeitszimmer** ❿ befindet sich ein Dreiviertelporträt des Königs von Westphalen, Jérôme Bonaparte, das ihn am Tag seiner Krönung zeigt. Es ist eine Kopie nach einem Werk des flämischen Porträtisten François-Joseph Kinson (1771–1839). Vis-à-vis steht eine ausgefallene Arbeit des Möbelfabrikanten **Friedrich Wichmann**. Dieser Aufsatzschreibtisch war vermutlich eine Auftragsarbeit für Jérôme Bonaparte und entstand in den Jahren 1810/11.

Auf Blindholz aus Eiche ist karelische Birke aufgebracht: ein überaus teures Furnier. Die Schubkästen hat Wichmann (von innen!) mit Ahorn furniert. Doch nicht nur die Holz-, sondern auch die Marmorarbeiten wurden von der Manufaktur ausgeführt. Darüber gibt Wichmann in der Beschriftung auf der Rückseite einer Schublade Auskunft. Bei seiner Flucht aus Kassel im Jahr 1813 hat Jérôme viele Möbel und Bilder nach Frankreich mitgenommen, aber einige der großen und schweren ließ er in Kassel zurück. So findet der Schreibsekretär in der Folge auch bei den Kasseler Kurfürsten Anklang: Wilhelm II. nimmt ihn 1823 in das neu errichtete

**Jérôme Bonaparte im Krönungsornat mit rotem, hermelinbesetztem Mantel über einem weißen Gewand. Seine Rechte hält das Zepter, links liegt die Krone und die Main de Justice (Hand der Gerechtigkeit), das Zeichen der Gerichtshoheit der französischen Könige.**

Zimmer mit dem Schreibtisch von Friedrich Wichmann

»Dieses Moebel wurde im Jahre 1810 und 1811 hindurch mit aller Sorgfalt nach der Idee/Zeichnung und in der Manufactur des Fr. Wichmann zu Caßel verfertigt, zuvor aber waren die Stein Arbeiten, daß Basrelief so wie die Cariatuden aber früher von vorher erwähntem Wichmann angefertigt und auf der Kunst Ausstellung in Berlin ausgestellt worden. 1812. Januar.«

Residenzpalais (vgl. hierzu S. 63 f.) mit und stellt ihn in seinem Wohn- und Arbeitszimmer auf.

Im **Adjutantenzimmer** ⓫ ist ein Schreibsekretär aus der Zeit um 1815 zu sehen, der nach einem Entwurf Pierre de La Mésangères (1761–1831) entstand. Die Gemälde in diesem Raum stammen von unterschiedlichen Künstlern: Christian Georg Schütz d. J. (1758–1823) malte die »Phantastische Rheinlandschaft in Abendbeleuchtung« im Jahr 1813. Eine Landschaftsdarstellung mit Blick auf eine Stadt am Meer, als »Ansicht des Golfes von Neapel« gedeutet, schuf 1796 Ludwig Philipp Strack (1761–1836). Auf der gegenüber liegenden Seite befindet sich ein Gemälde aus der Schule Johann Heinrich Tischbeins d. Ä.: Es zeigt den Blick auf Kassel von Bergshausen auf die Orangerie in der Karlsaue und auf das (im zweiten Weltkrieg zerstörte) Schloss Bellevue. Die Marmorarbeit thematisiert das Geschwisterpaar Byblis und Kaunos: Ovid berichtet in seinen »Metamorphosen« von den Enkeln des Apoll, dass die schöne Byblis in ihren eigenen Bruder Kaunos verliebt war. Dieser weist sie, und jener Moment ist hier dargestellt, heftig zurück und flieht, um ihrer Zudringlichkeit zu entgehen, außer Landes. Sie verfolgte ihn so lange, bis sie weinend zusammenbrach. Die Nymphen versuch-

**Das Adjutantenzimmer**

ten vergebens, sie zu trösten: »So von Tränen verzehrt, verwandelt sich Byblis, [...] ganz in die Quelle, die dort in den Tälern, von dunkler Wintereiche beschattet, noch fließt: sie heißt nach dem Mädchen.« (Ovid, Metamorphosen, Neuntes Buch, 663–665). Derweil gründete ihr Bruder in Kleinasien die Stadt Kaunos.

Heutzutage erfolgt der **Durchgang** ⓬ in die obere Etage über die alte Dienstbotentreppe. In einer Vitrine befindet sich ein Meiereigeschirr mit hessischen Wappen aus der Manufaktur Neale and Bailey in Staffordshire. Es handelt sich vermutlich um ein Geschenk des englischen Königshauses und hat rein dekorativen Charakter.

**Das Meiereigeschirr: seit 1791 im Besitz des Landgrafen.**

# Rundgang 1. Etage

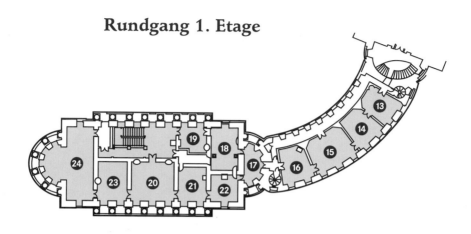

Im **Hofdamenzimmer** ⑬ steht ein hochrechteckiger Sekretär von Bernard Molitor aus der Zeit um 1810. Dieses Möbel ist eines der am aufwendigsten gefertigten im Weißensteinflügel. Im Inneren verbergen sich unterschiedliche Geheimfächer und dies aus gutem Grund: Schreibmöbel sollten funktional und repräsentativ sein, aber sie sollten auch ihre Inhalte schützen. In den verborgenen Fächern wurde Korrespondenz versteckt und so vor unbefugtem Zugriff geschützt. Auf Porträts finden sich einige Schönheiten der damaligen Zeit, unter ihnen auch die junge Caroline Juliane Albertine von Schlotheim (1766–1847) auf einem Gemälde des Malers Johann Günther Bornemann (1757–1815) aus dem Jahr 1797. Caroline ist bis zur

Der Sekretär von Molitor hat eine abklappbare Schreibplatte, die mit grünem, goldgeprägtem Leder bezogen ist.

Caroline von Schlotheim war seit 1788 die Mätresse des Landgrafen Wilhelm IX. In seinen Lebenserinnerungen »Wir Wilhelm von Gottes Gnaden« beschreibt er seine Empfindungen: »[...] meine wahre Liebe – für ein junges Fräulein von Schlotheim [...].« Sie stammte aus thüringer Landadel, wurde aber von Wilhelm in den Stand einer Gräfin von Hessenstein erhoben. Von den mindestens zehn gemeinsamen Kindern haben nur sechs nachweislich das Erwachsenenalter erreicht.

### Mode und Frisuren um 1800

Nach der französischen Revolution veränderte sich die Kleidung grundlegend. In die Damenmode hielten helle, weich fließende Stoffe mit lockeren Schnitten Einzug. Kleider und auch Frisuren erinnerten nun stark an die Zeit der Antike. Die Schriftstellerin Caroline Pichler (1769–1843) beschreibt diesen Wandel in der Damenkleidung in ihren 1844 (postum) veröffentlichten »Denkwürdigkeiten aus meinem Leben«: »Auch auf die Mode in der Frauenkleidung geschah jetzt eine auffallende Einwirkung. – Unsere steifen, faltenreichen Anzüge machten leichteren Formen Platz, [...]. Der Gürtel des Kleides wurde nicht mehr an den Hüften, sondern unter der Brust gebunden; der Puder wurde allmählich abgeschafft, die Hackenschuhe abgelegt, die ganze Kleidung näherte sich mehr der Natur [...].«

Hüfte vor dunklem Hintergrund stehend gezeigt, die rechte Hand ruht auf der Lehne eines Stuhles. Oberkörper und Gesicht sind dem Betrachter zugewandt. Sie trägt ein einfaches, weißes Kleid, das der **Mode um 1800** gemäß unter der Brust gebunden wurde. Das Haar trägt sie à la nature: nicht gepudert und nur locker im Nacken zusammengesteckt. Sie lächelt den Betrachter an, ohne jede Koketterie. Dieser neue und naturnahe Stil hat seine Vorbilder in England. Bornemann wird sich bei englischen Porträtisten wie Thomas Gainsborough (1727–1788) inspiriert haben. Von der Gattin Wilhelms IX. findet sich weder hier noch im restlichen Weißensteinflügel ein Porträt. Die Landgräfin Wilhelmine Karoline von Dänemark (1747–1820) war eine Tochter von König Friedrich V. von Dänemark und Norwegen (1723–1766) und dessen erster Ehefrau Louise (1724–1751), Tochter von König Georg II. von Großbritannien (1683–1760). Wilhelmine Karoline war die Cousine Wilhelms, aber sie mochten einander nicht. Es wurde eine Heirat arrangiert, doch die Ehepartner lebten meistens voneinander getrennt. Aus der Ehe gingen vier Kinder hervor, von denen drei das Erwachsenenalter erreichten, zwei Töchter, Karoline Amalie (1771–1848) und Marie Frederike (1768–1839), und Wilhelm, der spätere Kurfürst Wilhelm II.

Der Gelbe Salon mit verschiedenen Ansichten des Parkes Wilhelmshöhe

Eine der gemalten Ansichten von Ludwig Philipp Strack: im Vordergrund die Teufelsbrücke, im Hintergrund das frisch fertiggestellte Schloss Wilhelmshöhe

Im **Gelben Salon** ⑭ haben die Möbel noch teilweise die originale Seidenbespannung des Empire. Die seidene Wandbespannung hat sich aus der zweiten Hälfte des 19. Jahrhunderts erhalten. Hier hängen Gemälde verschiedener Kasseler Künstler, die vornehmlich Szenen aus dem Park Wilhelmshöhe darstellen: Ein Gemälde von Ludwig Philipp Strack aus dem Jahr 1800 zeigt die Teufelsbrücke, eine der Stationen der Wasserkünste im Bergpark, und die Schlossanlage Wilhelmshöhe.

Der **Rote Salon** ⑮ ist mit einer lachsfarbenen Seide ausgestattet, die originalgetreu nachgewebt wurde. Das erlaubt dem heutigen Betrachter trotz der Zerstörungen durch die Zeit, einen authentischen Eindruck vom einstigen Aussehen eines Raumes zu gewinnen. Hier wurden die Wände passend zu den Möbeln bespannt, was eine Vorstellung des Raumkonzeptes der Zeit um 1800 vermittelt: Alle **textilen Raumausstattungen** dieser Zeit waren farblich aufeinander abgestimmt. Die beiden französischen Spieltische des Händlers François Vaugeois aus der Zeit um 1790, der nach dem Hauszeichen den Namen »Au singe vert« (zum grünen Affen) führte, kommen aus Paris. Beide gehörten vermutlich zur ersten Einrichtung des Weißensteinflügels. Es handelt sich links um einen Roulettetisch und rechts um eine Spielesammlung.

---

**Die textile Raumausstattung**

Im Weißensteinflügel haben sich viele Polsterbezüge aus der Erbauungszeit erhalten, die sich oft noch in ihrer originalen Montage auf den Stühlen befinden – dies ist eine Seltenheit. Seidengewebe werden durch Licht und Gebrauch stark geschädigt, die Farben bleichen aus, und die Fasern werden spröde und zerspringen. Die fürstlichen Bewohner haben ihre teuren Seidengewebe geschont und sie nur zu besonderen Anlässen offen präsentiert. Wenn ein Raum nicht genutzt wurde, waren die Fensterläden verschlossen und die Stoffe mit Hussen abgedeckt, um sie vor Licht und Staub zu schützen. Dennoch hatte man partiell mit dem Zerfall der Seidengewebe zu kämpfen und musste diese dann ersetzen. Da Seiden ein wichtiges Element des fürstlichen Raumkonzepts sind, werden diese Gewebe bei Bedarf, etwa für den musealen Bereich, auch heute noch von Spezialwebereien rekonstruiert.

Dieser Salon weist eine gewollte Symmetrie auf. Rechts im Bild: Ein Spieltisch mit Brettspielen, u. a. dem Gänsespiel

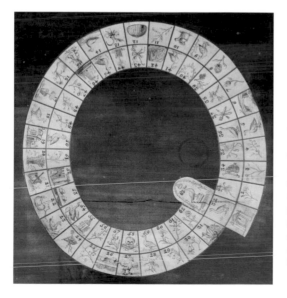

Noch heute sehr beliebt: das Gänsespiel. Gespielt wurde mit einem Würfel und Gänsefiguren. Auf dem Weg zum Ziel mussten zahlreiche Hindernisse überwunden werden. Insgesamt umfasst die Spielesammlung 15 verschiedene Brettspiele. Die Spielflächen setzen sich aus einer Marketerie von Ebenholz, Ahorn und Mahagoni zusammen.

**Französische Tischuhren (Pendulen)**

Pendulen wurden sowohl von den Landgrafen und Kurfürsten als auch von Jérôme Bonaparte gesammelt, um dem repräsentativen Interieur zusätzliche Eleganz zu verleihen. Sie spiegelten Wohlstand und auch Gesinnung ihres Besitzers wider: Man zeigte mit dem Aufstellen solcher Uhren, dass man Kenner der dargestellten Themen war. Gut gefertigte Bronzependulen, die in der Zeit um 1800 nahezu ausschließlich aus Paris kamen, sehen aus, als wären sie aus einem Guss gefertigt. Sie bestehen aber tatsächlich aus vielen Einzelteilen, die in Feinarbeit aneinander gesetzt wurden. Bei der komplexen Herstellung war der Uhrmacher derjenige, der am wenigsten an der Uhr verdiente (etwa zehn Prozent): Er war lediglich Zulieferer für die Bronziers wie Pierre-Philippe Thomire oder Claude Galle (1759–1815). Welcher Bronzier für die Kasseler Pendule verantwortlich zeichnet, lässt sich nicht genau klären. Da die Bronzearbeit nicht gestempelt ist, kann nur der Pariser Uhrmacher Breul dank seiner Signatur auf dem Zifferblatt namentlich genannt werden. Für eine genauere Einordnung kommt erschwerend hinzu, dass das Formenrepertoire für solche Stücke in der Zeit von etwa 1800 bis 1820 nahezu unverändert bleibt, so dass diese Uhr entsprechend zu datieren ist.

Letztere beherbergt auf mehreren Einlegeebenen verschiedene Karten- und Würfelspiele sowie Mühle und Lotto. Ein Beispiel für französisches Kunsthandwerk findet sich auch in einer kleinen **Pendule (französische Tischuhr)** aus feuervergoldeter Bronze. Die Portraits zeigen König Georg II. von Großbritannien (1683–1760) und dessen Gattin, Markgräfin Caroline von Brandenburg-Ansbach (1683–1737). Sie waren die Eltern von Landgräfin Marie (Gattin Landgraf Friedrichs II.) und somit die Großeltern mütterlicherseits von Landgraf Wilhelm IX.

Im **Kurprinzenzimmer** **16** befinden sich unter anderem zwei Kinderporträts (links und Mitte) aus der Hand Wilhelm Böttners (1752–1805). Böttner wurde der Nachfolger des 1789 verstorbenen Ersten Hofmalers Tischbein. Wer die hier porträtierten Mädchen sind, ist unklar: Ihre Gesichter sind ganz im Geschmack des frühen 19. Jahrhunderts ausgeführt und weisen kaum individuelle Züge auf. Böttner

Wer lehnt denn hier so lässig mit den Waffen des Herkules an dem Uhrengehäuse? Es handelt sich um den Liebesboten Amor, der sich über den Halbgott Herkules lustig macht. Die Antwort erschließt sich beim genaueren Betrachten des Sockelreliefs. Hier ist Herkules zu sehen, wie er der schönen Königin Omphale verfallen ist. Anstelle seiner Keule hat er sich nun Omphale zuliebe mit einem Spinnrocken bewaffnet und leistet Frauenarbeit!

arbeitete auch gern auf Vorrat: Um Zeit zu sparen, malte er die Porträts weitestgehend vor und fügte für den jeweiligen Auftraggeber dann nur noch die Köpfe in das Bild ein. Auf dem Porträt rechts ist vermutlich Prinz Ernst-Viktor von Hessen-Rheinfels-Rotenburg (1782–1786) zu sehen, ein Verwandter der Landgrafenlinie Hessen-Kassel. Unter den Gemälden steht ein kleiner Damensekretär mit eingebauter Uhr aus der Nachfolge des Kunsttischlers David Roentgen. Es handelt sich wahrscheinlich um eine Arbeit des Braunschweiger Tischlermeisters Johann Christian Härders (1760–1828). Dieser war ehemaliger Mitarbeiter in der Neuwieder Kunsttischlerei von Roentgen und machte sich dann in Braunschweig selbständig.

Das **Obere Rondellzimmer** 🔢 weist noch viele Elemente der einstmaligen Ausstattung auf. So hat sich in diesem Raum der originale und aufwendig intarsierte Parkettfußboden erhalten. Die Wände sind mit einer Boiserie aus dem 18. Jahrhundert verkleidet: Die detailreiche Vertäfelung mit Ranken und Girlanden ist aus Eiche geschnitzt. In den Vitrinen der Fensternischen finden sich Bücher der alten **landgräflichen Bibliothek**. Zu den alten Buchbeständen gehört unter anderem ein handkoloriertes Werk der landgräflichen Rosensammlung Salomon Pinhas', außerdem Johann Wolfgang Goethes (1749–1832) »Sämmtliche Schriften« in 26 Bänden oder eine gebundene Ausgabe

---

**Die landgräfliche Bibliothek**

Die landgräfliche Bibliothek, an der zeitweise der berühmte deutsche Sprach- und Literaturwissenschaftler Jacob Grimm (1785–1863) als Bibliothekar arbeitete, hat eine mehr als 300-jährige Geschichte. Sie war unter der Regierung Wilhelms IX. im Weißensteinflügel und im Corps de Logis des Schlosses Wilhelmshöhe untergebracht, wurde aber später in das Fridericianum in der Innenstadt von Kassel verlegt. Das Gebäude wurde 1943 zerstört, wobei viele der Bücher verbrannten. Einige Exemplare aus dieser Sammlung stehen heute in den Vitrinen des Weißensteinflügels, andere befinden sich in der Abteilung der Graphischen Sammlung im gegenüberliegenden Kirchflügel.

Das Kurprinzenzimmer: Der Damensekretär wird als »Bonheur du Jour« (Freude des Tages) bezeichnet.

In den 1820er Jahren änderte sich die Raumwertigkeit im Weißensteinflügel. Durch den Neubau der Verbinder wurde vor allem dieses Rondell in der Beletage degradiert. Wo einst fünf Fenster den Raum mit Licht versorgten, blieben nur noch zwei übrig. Auch der kleine vorgelagerte Balkon fiel dem Verbinderbau zum Opfer. Dieses ehemals lichtdurchflutete und intime Kabinett für die Dame des Hauses ist seither nur noch ein Durchgangszimmer.

Das Damenschlafzimmer im Weißensteinflügel: Im 18. Jahrhundert gab es verschiedene, hierarchisch gestaffelte Betttypen. Woher dieses Lit à la polonaise stammt, ist ungewiss.

Heute in Schloss Wilhelmsthal: Lit à la française der Landgräfin Caroline von Hessen-Kassel

der graphischen Arbeiten von der Hand Giovanni Battista Piranesis (1720–1778). Diese Bände aus der vatikanischen Bibliothek sollen als Geschenk des Papstes an Wilhelms Vater, Landgraf Friedrich II., nach Kassel gekommen sein: Friedrich war zum Katholizismus konvertiert, was den protestantischen Verwandten, vor allem seinem Vater Wilhelm VIII., gar nicht zusagte.

Im Damenschlafzimmer: Die blau durchgefärbte, unglasierte Jasperware mit weißen Auflagen zeigt antikisierende Szenen.

Das im **Damenschlafzimmer** 🔢 aufgestellte Lit à la polonaise (Polnisches Bett) stammt ursprünglich von anderer Stelle. Die Landgräfin ruhte im Weißensteinflügel auf einem Lit à la française (Französisches Bett), das sich heute in Schloss Wilhelmsthal befindet. Dass einige Möbel in das ältere Caldener Schloss verbracht wurden, liegt vor allem daran, dass das Louis Seize unmodern geworden war und man dem aktuelleren Empirestil in Wilhelmshöhe Platz schaffen wollte. Links neben dem Bett stehen auf einem kleinen Regal zwei amphorenförmige Vasen der Firma **Josiah Wedgwood**. Der Kronleuchter in diesem Raum kommt aus den Werkstätten Muranos in Venetien. Rechts des Bettes befindet sich noch eine Tür in der Wand: hier kam heraus, wer den Geheimgang neben dem heutigen Badezimmer in der unteren Etage heraufging.

> **Die Manufaktur Josiah Wedgwood & Sons Ltd.**
>
> Josiah Wedgwood (1730–1795) gründete 1759 im englischen Staffordshire seine Manufaktur, die Josiah Wedgwood & Sons Ltd., und eroberte mit qualitativ hochwertigen Steingutwaren sehr schnell den europäischen Markt. Besonders bekannt war die Firma für die vom Firmengründer erfundene Jasperware, die ab etwa 1775 hergestellt wurde. Jasperware, benannt nach dem Mineral Jaspis (engl. Jasper), wird als Steinzeug oder auch als Weichporzellan klassifiziert. Seine Produkte bot Wedgwood unter anderem auch auf der Kasseler Messe an.

Das Vestibül in der ersten Etage mit der Tür zum Empfangssaal. Links der Tür
das Gemälde des Generals von Schlieffen, gemalt von Böttner, rechts davon die
beiden Tischbein-Gemälde mit der Geschichte um Admetos und Alkestis. Die
Treppe im Vordergrund führt in die zweite Etage, wo heute Büro- und Sozialräu-
me untergebracht sind.

Im **Tischbeinkabinett** ⓵⑨ sind vier Ansichten der Wilhelmshöhe von
Johann Heinrich Tischbein d. Ä. zu sehen. Die Gemälde entstanden für
Wilhelm IX. in den Jahren 1785–1787, also bevor die Schlossanlage
fertiggestellt war. Der Kupferstecher Gotthelf Wilhelm Weise (1751–
1810) vervielfältigte die Idealveduten Tischbeins. Diese Stiche dienten dem Landgrafen als Mittel, um den Schlossbau auf Wilhelmshöhe
zu propagieren und Anerkennung an anderen Höfen zu erlangen. Der
Schreibschrank aus Pyramidenmahagoni und Ebenholz ist vermutlich
im Umkreis des Berliner Hoftischlermeisters Karl Wanschaff (1775-
1848) zwischen 1815 und 1820 entstanden.

Zwischen dem Tischbeinkabinett und dem Empfangssaal passiert man
das Vestibül. Hier hängt links der Tür zum Empfangssaal ein Porträt des
Generals Martin Ernst von Schlieffen (1732–1825) aus dem Jahr 1794,
gemalt von Wilhelm Böttner. Das Gemälde bezieht sich auf ein Ereignis
aus dem Jahr 1792, bei dem von Schlieffen nach seinem Ausschei-
den aus dem preußischen Dienst das französische Angebot ablehnte,
als Marschall in die französische Armee einzutreten. Rechts der Tür
befinden sich zwei Gemälde von Johann Heinrich Tischbein d. Ä.

**Im Tischbeinkabinett: Der Sekretär ist innen mit Einlegearbeiten aus Buchsbaum, Riegelahorn, Pappelmaser und Eibe verziert.**

Die Geschichte aus der griechischen Mythologie handelt von den Liebenden Admetos und Alkestis. Admetos hatte es versäumt, der Göttin Artemis vor seiner Vermählung mit Alkestis ein Opfer darzubringen. Dafür sollte Admetos sterben, doch Alkestis opferte sich an seiner

Der Empfangssaal wird vom oberen Treppenhaus betreten. Er liegt direkt über der Bildnisgalerie im Erdgeschoss.

Das ägyptische Zimmer im zerstörten Residenzpalais am Friedrichsplatz in Kassel. Im Weißensteinflügel finden sich heute im Empfangssaal der Tisch, zwei der Sphingen, einige Tabourets (Sitzhocker) und der Ofenschirm.

Heute schmückt die Seide aus dem Empfangssaal des Weißensteinflügels das erste Zimmer der oberen Südwohnung in Schloss Wilhelmsthal.

statt. Kurz nach Alkestis Tod weilte Herakles bei Admetos zu Besuch und bot sich an, Alkestis zu retten. Er findet sie in der Unterwelt, dem Hades, und bringt sie Admetos zurück. Tischbein malte die Gemälde in den Jahren 1775 und 1780.

Die Wände des **Empfangssaals** ❷⓿ waren zu Wilhelms Zeiten mit einer roten Seide mit chinoisem Muster ausgestattet, die sich heute in Schloss Wilhelmsthal befindet. Dazu passende Louis-Seize-Stühle haben jetzt in der Bildnisgalerie des Weißensteinflügels Aufstellung gefunden. Die heutige Einrichtung des Empfangssaals zeigt Beispiele für die damals aktuelle **Ägyptenmode** und besteht aus Möbeln des Residenzpalais. Das Residenzpalais wurde am Friedrichsplatz für Kurfürst Wilhelm II. als Stadtschloss errichtet und diente als Ersatz für das alte, oberhalb der Karlsaue gelegene Renaissanceschloss. Dieses brannte durch einen Unfall am 23.11.1811 unter Jérôme Bonaparte ab. Der Neubau am Friedrichsplatz wurde Ende der 1820er Jahre fertiggestellt. Die Pracht der Einrichtung im Empirestil ist nur noch durch Fotos überliefert, da das Palais im Zweiten Weltkrieg zerstört wurde. Die geretteten Möbel aus diesem Schloss, wie hier aus dem

**Die Ägyptenmode**

Das Empire griff auf Motive der großen alten Kulturen zurück: sowohl auf die griechisch-römische Kunst, aber auch auf Stilelemente aus Ägypten. Das Interesse an Ägypten leitet sich einerseits davon ab, dass die Zeitgenossen dort den Ursprung der Kultur und Zivilisation vermuteten. Andererseits förderte der Ägyptenfeldzug Napoleon Bonapartes in den Jahren zwischen 1798 und 1801 das Interesse der Öffentlichkeit an dieser Kultur.

ägyptischen Zimmer, finden sich heute in großer Anzahl in den Schauräumen des Weißensteinflügels. Über den drei Türen dieses Raumes finden sich Supraporten vom Hofmaler Wilhelm Böttner. Dargestellt sind Szenen aus dem Versepos »Oberon« (1780) von Christoph Martin Wieland (1733–1813) um das Liebespaar Huon und Amande. Alle drei Gemälde sind auf 1790 datiert und gehören zur Erstausstattung des Weißensteinflügels, da sie bereits in den frühesten Beschreibungen für diesen Raum erwähnt werden. Die ganzfigurigen Herrschaftsporträts zeigen hochgestellte Persönlichkeiten des 18. Jahrhunderts. Von der Eingangstür aus links hängt das Bildnis Königin Maria Leczinskas von Frankreich (1703–1768) gemalt von Jean-Marc Nattier (1685–1766). Sie war seit 1725 Gemahlin Ludwigs XV. und eine Tochter des polnischen Königs Stanislaus Leczinski. Bei dem Gemälde handelt es sich um eine der zahlreichen Kopien des von Nattier gemalten Bildnisses der Königin im Schloss von Versailles. Zu ihrer Rechten hängt das Bildnis ihres Gatten König Ludwig XV. von Frankreich (1710–1774) im Krönungsornat, gemalt von Jean-Martial Frédou (1710–1795). Auch bei diesem Gemälde handelt es sich um eine Nachahmung: Frédou kopierte es nach Louis Michel van Loos (1707–1771) Bildnis von König Ludwig XV. im Schloss von Versailles. Dem französischen Königspaar gegenüber ist das englische zu sehen: König Georg III. von England (1738–1820) (ebenfalls im Krönungsornat) war ein Neffe der Landgräfin Marie von Hessen und seit 1760 König von England. Das Bildnis seiner Gemahlin Königin Charlotte von England (1744–1818), geborene von Mecklenburg-Strelitz, hängt zu seiner Rechten. Beide Bildnisse sind Kopien nach dem englischen Hofmaler Allan Ramsay

Ganzfiguriges Porträt der Königin Charlotte von England

(1713–1784). Im 18. Jahrhundert war es üblich, solche Herrscherporträts an seine Verbündeten und Verwandten zu verschenken.

**Die Schreibtische des Neuwieder Ebenisten erzielen hohe Liebhaberpreise.**

### Abraham (1711–1793) und David (1743–1807) Roentgen

Johann Wolfgang von Goethe ist von einem »künstlichen Schreibtisch von Röntgen […] wo mit einem Zug viele Federn und Ressorts in Bewegung kommen, Pult und Schreibzeug, Brief- und Geldfächer sich auf einmal oder kurz nacheinander entwickeln […]« derart angetan, dass er ihn in Wilhelm Meisters Lehrjahren thematisiert. Abraham Roentgen gründete 1742 in Herrnhaag, nahe Frankfurt am Main, seine erste Werkstatt, aber erst unter seinem Sohn David kam das Unternehmen zu großem Ruhm. Die Roentgens zogen 1750 nach Neuwied am Rhein. 1772 übernahm David die Tischlerei und reiste 1774 erstmals nach Paris, wo er neue Anregungen aufnahm. Die Produktion von Möbeln mit runden und ausschweifenden Rokokoelementen wurde eingestellt und machte einer neuen Mode Platz: dem formstrengen, klassizistischen Stil. Mitte der siebziger Jahre beabsichtigte Roentgen, eine Niederlassung in Kassel zu gründen. Dieses Vorhaben wurde ihm jedoch von den dort ansässigen Handwerkern wegen ihrer Furcht vor der Konkurrenz verweigert.

Die abschraubbaren Beine eines Roentgen-Schreibmöbels

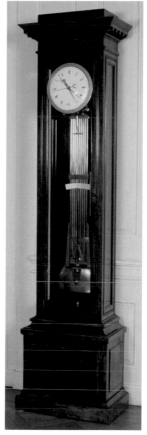

Die Präzisionspendeluhr von Jean-
Antoine Lépine. Das Zifferblatt hat
gebläute und vergoldete Zeiger.
Der schlanke Sekundenzeiger hat
ein halbmondförmiges Gegengewicht. Der blaue Minutenzeiger beschreibt die mittlere Zeit, die beiden vergoldeten Zeiger dienen
dem Ablesen der wahren Ortszeit.
Als Gegengewicht hat der Minutenzeiger eine Sonne. Der längste
Zeiger zeigt das Datum.

Vom Empfangssaal aus links kommt man in das **Obere Schreibzimmer** **㉑**. Hier steht ein Flachsekretär aus der Kunsttischlerei **David Roentgen**. Das schlicht anmutende Schreibmöbel ist aufwendig verarbeitet: Auf Blindholz aus Eiche ist ein Mahagonifurnier aufgebracht, die Beschläge sind aus englischen, feuervergoldeten Bronzen. Der Aufsatz erinnert an die Architektur der Antike. Eine technische Raffinesse dieser Manufaktur sind die abschraubbaren Beine: So wurden diese fragilen Teile beim Transport vor dem Zerbrechen geschützt. Vis-à-vis des Sekretärs steht eine Standuhr von Jean Antoine Lépine (1720–1814). Er war seit 1766 königlicher Hofuhrmacher in Paris. Die Präzisionspendeluhr entstand um 1805 und besteht zum Teil aus massivem Mahagoniholz, zum Teil aus Mahagonifurnier auf Eiche. Dank der ausgefeilten Technik zeigt die Uhr sowohl die mittlere Zeit als auch die wahre Ortszeit an. Die Datumsanzeige berücksichtigt die Länge der einzelnen Monate. Lediglich im Schaltjahr muss man sich der Mühe unterziehen und die Zeiger nach dem 29. Februar manuell einen Tag zurückstellen, da der Mechanismus automatisch vom 28. Februar auf den 1. März schaltet. Diese wertvolle Uhr stand vormals im Residenzpalais von Kurfürst Wilhelm II.

Die Prospekte im Weißensteinflügel (Großformate in der Gemäldegalerie Alte Meister) entstanden zwischen 1721 und 1735.

Neben dem Schreibzimmer liegt ein **Vorzimmer** 22 , welches ehemals einen Zugang
zum Damenschlafzimmer besaß. Die Wände und Möbel wurden in den 1980er Jahren
mit türkisfarbener Seide neu bespannt. An den Wänden sind Idealprospekte vom
Bergpark Wilhelmshöhe des Malers **Rymer van Nickelen** (tätig um 1721– um 1740)
zu sehen.

**Die Idealprospekte der Van Nickelens**

Landgraf Carl hatte 1716 den Maler Jan (1656–1721) und dessen Sohn Rymer van Nickelen beauftragt, Entwürfe für seinen Park am Karlsberg anzufertigen. Die acht Bilder haben einen Zoom-Effekt: Das erste Bild der Reihe startet mit einer Ansicht nah am Herkules. Auf dem letzten Prospekt ist der Herkules weit entfernt erkennbar, und im Vordergrund breitet sich eine mächtige Barockarchitektur aus. Wäre dies alles zur Ausführung gekommen, würde der Park heute bis in die Innenstadt von Kassel reichen. Größere Varianten der acht Prospekte, die den Ansichten im Weißensteinflügel als Vorlage dienten, befinden sich in der Sammlung der Kasseler Gemäldegalerie Alte Meister.

Zur Rechten des Empfangssaals befinden sich das **Vorzimmer zum Thronsaal** ㉓ und der Thronsaal selbst. Diese Räume waren ursprünglich recht schlicht mit einfachem Holzfußboden und weißer Boiserie ausgestaltet. Der heute nach dem Maler Franz Hochecker (1730–1782) benannte Raum zeigt Gemälde von deutschen und engli-

**Das Vorzimmer zum Thronsaal mit den Gemälden Hocheckers**

schen Parklandschaften, unter anderem Ansichten von Windsor Great Park, die dem Künstler Hochecker zugeschrieben werden. Als Vorlage könnte ihm ein Blatt aus dem Werk Thomas Sandbys »Acht Ansichten von Windsor Great Park« gedient haben, die ab 1754 als Drucke in Umlauf waren. Eine Vedute aus dem Jahr 1763 zeigt eine Ansicht von der hessischen Stadt Marburg mit dem Lahntal von Südost. Zu sehen ist im Zentrum des Gemäldes die lutherische Pfarrkirche St. Marien, die Altstadt Marburgs mit Stadtbefestigung und auf der Anhöhe das Marburger Schloss. Über dem Schreibtisch hängt eine Ansicht des Brunnenplatzes von Hofgeismar. Der Flachschreibtisch stammt von David Roentgen.

Der **Thronsaal** (24) liegt im westlichen Teil des Weißensteinflügels. Dieser und das Hocheckerzimmer bildeten zu Zeiten des Erbauers eventuell ein Gästeappartement. Der Thronsaal war zudem in drei kleinere Räume gegliedert. Die Wände, die den Raum teilten, wurden jedoch entfernt. Nach dem Zweiten Weltkrieg bekam hier der originale Thron Kurfürst Wilhelms II. aus dem Residenzpalais seinen neuen Platz, obwohl es historisch auf Schloss Wilhelmshöhe nie einen

**Dieses Foto aus der Zeit vor der Zerstörung vermittelt einen Eindruck von der Pracht des Thronsaales im Residenzpalais.**

Thronsaal gegeben hat. Der Thronses-
sel stammt aus den Jahren 1829–1830
und wurde nach Entwürfen Johann
Conrad Bromeis' gefertigt. Heute sind
in diesem Raum zudem verschiedene
Bildnisse zu sehen: Auf der linken Wand
ein Jugendbildnis von König Gustav III.
von Schweden (1746–1792). Er war
mit Sofie Magdalene (1746–1813), der
Schwester der Landgräfin Wilhelmine
Karoline von Hessen-Kassel, verheira-
tet. Rechts daneben ein Gemälde von
Prinzessin Christine Charlotte von Hessen (1725–1782), eine Tochter von Friederike Charlotte von Hessen-Darmstadt
(1698–1777), gemalt von Johann Heinrich Tischbein d. Ä. Rechts von diesem

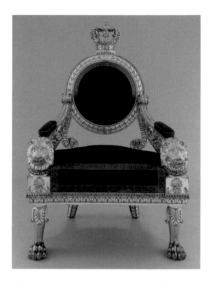

**Die Samtbespannung des Thronsessels ist noch die originale. Sie wurde aufwendig restauriert.**

Gemälde hängt ein Porträt von Kurfürst Wilhelm I. von Hessen-Kassel
von Wilhelm Böttner. Vis-à-vis des Thronsessels ist ein großformatiges
Gemälde von Landgraf Carl zu sehen, das der Maler Hermann Hend-
rik II de Quiter (tätig 1700–1731) 1727 ausgeführt hat. Rechts von Carl
sieht man ein Porträt des Landgrafen Friedrich II., links daneben ist ein
Bildnis der Gattin Friedrichs, Landgräfin Marie, zu sehen. Des Weiteren rechts des Thronsessels ein Gemälde Friedrichs I. von Schweden
(1676–1751), der ab 1730 zudem Landgraf von Hessen-Kassel war. Zu
seiner Rechten hängen zwei Porträts von Landgraf Wilhelm VIII.

Neben den Schauräumen gibt es weitere Zimmer im Weißensteinflügel, die allerdings nicht in einer Führung zu besichtigen sind. Im Keller
befand sich eine Küche, die mit der Fertigstellung der großen Küche
im gegenüberliegenden Kirchflügel kaum noch Verwendung fand.
Heute sind hier Lager- und Depoträume untergebracht. In zwei weiteren Etagen über den Schauräumen finden sich verschiedene Depots
und Büroräume. Ursprünglich befand sich hier u. a. die Bibliothek.

Der Thronsaal

# Stammbaum der hessischen Landgrafen und Kurfürsten

**Carl**
(1654–1730)
1677 reg. Lgf. v. Hessen-Kassel
∞ Maria Amalie von Kurland
(1653–1711)

**Friedrich I.**
(1676–1751)
1720 Kg. von Schweden
1730 reg. Lgf. von Hessen-Kassel
1. ∞ 1700 Louise Dorothea von Brandenburg-Preußen († 1705)
2. ∞ 1715 Ulrike Eleonore von Schweden († 1741)

**Sophie Charlotte**
(1678–1749)

**Karl**
(1718–1719)

**Wilhelm IX.**
(1743–1821)
1785 Lgf.
1803 Kurfürst Wilhelm I. von Hessen-Kassel
1806–1813 im Exil
∞ 1764 Karoline von Dänemark († 1820)

**Friederike**
(1768–1839)

**Karoline**
(1799–1854)

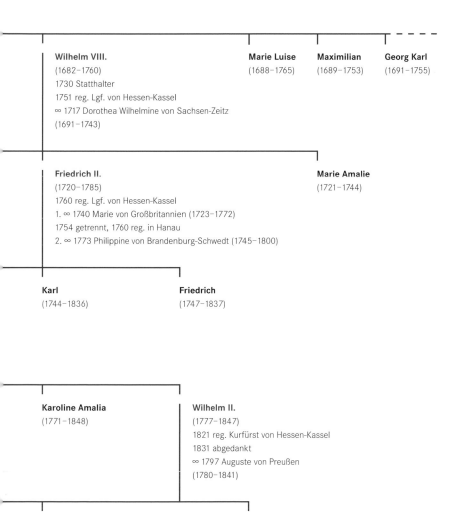

**Wilhelm VIII.**
(1682–1760)
1730 Statthalter
1751 reg. Lgf. von Hessen-Kassel
∞ 1717 Dorothea Wilhelmine von Sachsen-Zeitz
(1691–1743)

**Marie Luise**
(1688–1765)

**Maximilian**
(1689–1753)

**Georg Karl**
(1691–1755)

**Friedrich II.**
(1720–1785)
1760 reg. Lgf. von Hessen-Kassel
1. ∞ 1740 Marie von Großbritannien (1723–1772)
1754 getrennt, 1760 reg. in Hanau
2. ∞ 1773 Philippine von Brandenburg-Schwedt (1745–1800)

**Marie Amalie**
(1721–1744)

**Karl**
(1744–1836)

**Friedrich**
(1747–1837)

**Karoline Amalia**
(1771–1848)

**Wilhelm II.**
(1777–1847)
1821 reg. Kurfürst von Hessen-Kassel
1831 abgedankt
∞ 1797 Auguste von Preußen
(1780–1841)

**Friedrich Wilhelm**
(1802–1875)
1831 Kurprinz-Mitregent
1847–1866 reg. Kurfürst von Hessen-Kassel

**Marie**
(1804–1888)

# Literatur

David August von Apell: Cassel und seine umliegende Gegend. Eine Skizze für Reisende, Cassel 1792

Rolf Bidlingmaier: Das Residenzpalais in Kassel. Der Architekt Johann Conrad Bromeis und die Raumkunst des Klassizismus und Empire in Kurhessen unter Kurfürst Wilhelm II., Regensburg 2000

Friedrich Bleibaum: Die Bau- und Kunstdenkmäler im Regierungsbezirk Cassel, Band VII, Erster Teil, Cassel 1926

Ursula Brosette: Bibliothek, Gästeappartement, Treppenhaus, Badezimmer oder Thronsaal? – Die historischen Raumfolgen des Weißensteinflügels von Schloss Wilhelmshöhe in Kassel und das museale Konstrukt der Gegenwart, in: Zeitschrift des Vereins für hessische Geschichte und Landeskunde (ZHG) Band 112 (2007), S.129-160

Ursula Brossette: Schloss Wilhelmshöhe in Kassel, in: Stephanie Hahn/Michael H. Sprenger (Hrsg.), Herrschaft-Architektur-Raum. Festschrift für Ulrich Schütte zum 60. Geburtstag, Berlin 2008, S. 204-226

Andreas Büttner/Ursula Weber-Woelk/Bernd Willscheid (Hrsg.): Edle Möbel für höchste Kreise, Roentgens Meisterwerke für Europas Höfe, Andernach 2007

Georg Dehio: Handbuch der deutschen Kunstdenkmäler, Bd. 1, Mitteldeutschland, 2. Auflage 1914

Hans-Christoph Dittscheid: Kassel Wilhelmshöhe und die Krise des Schlossbaues am Ende des Ancien Regime, Diss., Worms 1987

Wolfgang L. Eller: Möbel des Klassizismus, Louis XVI und Empire, München 2002

Fabian Fröhlich: Wo ungestört der Lenz regiert, hrsg. von der Museumslandschaft Hessen Kassel, München 2008

Paul Heidelbach: Geschichte der Wilhelmshöhe, Leipzig 1909

Rainer von Hessen (Hrsg.): Wir Wilhelm von Gottes Gnaden, Die Lebenserinnerungen Kurfürst Wilhelms I. von Hessen, 1743-1821, aus dem Französischen übersetzt von Rainer von Hessen, Frankfurt 1996

Alois Holtmeyer (Hrsg.): W. Strieder's Wilhelmshöhe, in: Alt Hessen. Beiträge zur kunstgeschichtlichen Heimatkunde, Heft 3. Marburg 1913

Alois Holtmeyer: Die Bau- und Kunstdenkmäler im Regierungsbezirk Cassel, Bd. 4, Marburg 1919

Siegfried Hoß: Park Wilhelmshöhe. Größter Bergpark Europas, hrsg. von der Museumslandschaft Hessen Kassel, Regensburg 2013

Ulrich Leben (Hrsg.): Bernard Molitor 1755-1833. Pariser Kunsttischler Luxemburger Herkunft, Stadt Luxemburg 1995

Christiane Lukatis: Die Landgrafen von Hessen-Kassel als Graphiksammler, in: Zeitschrift des Vereins für hessische Geschichte und Landeskunde, Band 104, Kassel 1999, S. 131-154

Hans Ottomeyer/Peter Pröschel: Vergoldete Bronzen, Die Bronzearbeiten des Spätbarock und Klassizismus, München 1986

Hans Ottomeyer/Christiane Lukatis: Heinrich-Christoph Jussow. 1754-1825. Ein hessischer Architekt des Klassizismus, hrsg. von der Museumslandschaft Hessen Kassel, Worms 1999

Glynis Ridley: Claras Grand Tour. Die spektakuläre Reise mit einem Rhinozeros durch das Europa des 18. Jahrhunderts, Hamburg 2008

E. Freiherr Schenk zu Schweinsberg: Die Wilhelmshöhe. Amtlicher Führer, hrsg. von den Staatlichen Museen Kassel, Spangenberg 1974

Staatliche Museen Kassel (Hrsg.): 3 x Tischbein und die europäische Malerei um 1800, Ausstellungskatalog, bearbeitet von Marianne Heinz mit Beiträgen von Stefanie Heraeus, Richard Hüttel und Wolfgang Kemp. Kassel, Leipzig, München 2005

Petra Tiegel-Hertfelder: Historie war sein Fach, Mythologie und Geschichte im Werk von Johann Heinrich Tischbein d. Ä. (1722-1789), Worms 1996

Simone Weber: Versuch der Rekonstruktion der Bildnisgalerie von Wilhelm IX. im Weißensteinflügel, in: Jahrbuch der Museumslandschaft Hessen Kassel 2012, Petersberg 2013, S. 102-107

# Abbildungsverzeichnis

S. 9: Johann Heinrich Tischbein d. Ä. (1722–1789), Schloss und Park Weißenstein von Südwesten, um 1766, Hessische Hausstiftung, Schloss Fasanerie, FAS B 341

S. 10: Heinrich Christoph Jussow (1754–1825), Kassel-Wilhelmshöhe, Schloss, Vorentwurf zu einer künstlichen Ruine am Platz des Corps de Logis, perspektivische Ansicht, um 1791, MHK, Graphische Sammlung, GS 5728

S. 11: Johann Erdmann Hummel (1769–1852), Schloss Wilhelmshöhe mit dem Habichtswald, 1795–1805, MHK, Neue Galerie – Sammlung der Moderne, 1875/1460

S. 15: Entwurf: Simon Louis Du Ry (1726 –1799), Zeichner: Johann Heinrich Wolff (1753–1801), Weißensteinflügel, Grundriss des Erdgeschosses (Kopie), 1788–1790, MHK, Graphische Sammlung, GS 18396

S. 17: Fotograf unbekannt, Wilhelm Victor Albert von Preußen, Stadtarchiv Kassel, Sig. S1 Nr. 1951

S. 19: Wilhelm Böttner (1752–1805), Porträt Landgraf Wilhelm IX., 1788, MHK, Schlossmuseen, SM 1.1.771

S. 24: Pierre-Philippe Thomire (1751–1843), Tafelaufsatz, 1800–1825, MHK, Schlossmuseen, SM 4.7.2989

S. 29: Johann Heinrich Tischbein d. Ä. (1722–1789), Mythologische Szene: Pan und Syrinx, 1771, MHK, Schlossmuseen, SM 1.1.777

S. 37: Steitz'sche Vasenmanufaktur, zwei Vasen mit Steinbockköpfen als Henkel, 1771–1800, MHK, Schlossmuseen, SM 4.1.2744 und SM 4.1.2756

S. 37: Steitz'sche Vasenmanufaktur, Obelisk, als Tafelaufsatz, 1771–1800, MHK, Schlossmuseen, SM 4.1.2747

S. 38: Königliche Porzellanmanufaktur Berlin (1763–1918), Tête-à-tête mit Futeral, um 1800, MHK, Schlossmuseen, SM 4.1.2799–4.1.2807 und SM 4.7.1492

S. 40/41: Bernard Molitor (1755–1833) zugeschrieben, Halbschrank, zweitürig, 1 von 2, 1809–1812, MHK, Schlossmuseen, SM 2.5.159

S. 43: Kopie nach François Josèph Kinson (1771–1839), Porträt König Jérôme von Westphalen, 1808–1812, MHK, Neue Galerie – Sammlung der Moderne, LM 1940/475

S. 44–46: Friedrich Wichmann, Aufsatzschreibtisch, 1810–1811, MHK, Schlossmuseen, SM 2.3.114

# Abbildungsnachweis

Hessische Hausstiftung, Schloss Fasanerie, Fulda: S. 9

Gerd Kaemmerling: S. 30/31

MHK: S. 10, 15, 22/23, 44/45, 65, 67 (rechts)

MHK (Arno Hensmanns): S. 8, 11, 13, 24, 33, 34, 35, 36, 38, 39, 40, 41, 42, 43, 46, 47 (beide), 48, 51 (beide), 53 (beide), 55, 57 (beide), 58 (oben), 62 (oben), 63, 69, 71, 72/73

MHK (Gabriele Bößert): S. 49, 66, 67 (links)

MHK (Ute Brunzel): S. 18, 19, 29, 32, 37, 58 (unten), 59, 60, 61, 68

Frank Mihm: S. 20/21

Norbert Miguletz: S. 6

Uwe Rüdenburg: S. 26/27

Stadtarchiv Kassel: S. 17, 70

Verwaltung der Staatlichen Schlösser und Gärten Hessen: S. 62